THE
AWESOME
BASEBALL
ACTIVITY
BOOK
FOR KIDS

Tyler Jones

Also by Tyler Jones

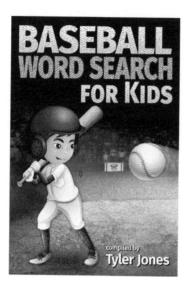

Amazon rating 4.8 stars out of 5

"Perfect for my baseball loving 7 year old!"

"My Great Nephew loved it!"

"This was a perfect gift!"

Publisher Information

Published by TJ Puzzlers

THIS BOOK
BELONGS TO

_____

What's in the Book?

Hit a Home Run!

Color in the image below. The player is about to hit a home run!

Baseball Math #1

🪖=1	👕=2	🎟=3

👕 + 🎟 = _____

1 + 👕 + 🎟 = _____

🎟 + 3 + 🪖 = _____

🎟 + 🎟 + 👕 = _____

🪖 + 👕 - 1 = _____

2 + 🪖 + 🎟 + 1 = _____

Answers on page 63

3D Maze-y Pitching!

Start at the bottom of the page, and find the right pitch for a strike – Watch out for batters – you need to avoid them!

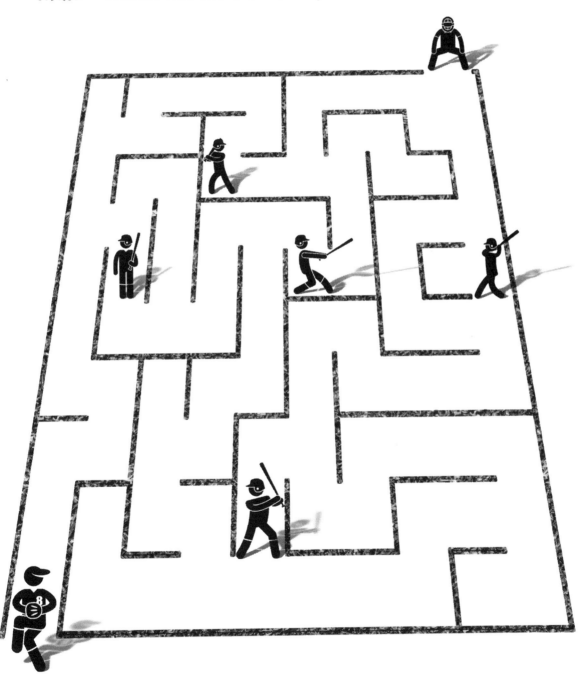

Answer on page 85

Where on the Map? #1

There are Major League baseball players from places all over the world. On the opposite page is a map showing some of these places that are close to the United States. Can you match the countries below with their number on the map?

Venezuela is country number...

Nicaragua is country number...

Cuba is country number...

Mexico is country number...

Panama is country number...

Colombia is country number...

Curacao is country number...

Brazil is country number...

Dominican Republic is country number...

Answers on page 67

Top Teams Word Search #1

Can you find all the teams in the grid below?

```
C I L T V C Y Q A E K T M H I R D
M O S N U K B J M O X E K T E Z D
S R G B V W A Q R S T X E Z P K J
E L S H M C A I H S R W S L N G Q
I E J P G G O L Y Z M C N X W I W
L T A L B L M J H A M H F B W S W
L A S B E C V V A W S B A L K P H
I P K S F H Q D S N G M P R D S I
H I V F Y R B S N E K R A E E B T
P R X Q O Q S R L R G B K R Y W E
D A R B R A V E S S F V D J K U S
N T B A G U X W M A T A R F B P O
Y E A P C T Q E N E P N L Q A L X
X S O V H D S R W Q X V A V D B G
K S D Z R E Z B M B Z Y Q I B K H
I H Z R O O I G D Z R M G F G Z E
S L W R P H Y H S K J J O Y Q D Y
```

Braves, Brewers, Cubs, Giants, Mets, Orioles, Padres, Phillies, Pirates, White Sox

Answers on page 86

Name That Team #1

Team 1

Their stadium is called Wrigley Field.

Their kit colors include red and blue.

They play in the National League Central Division.

They have been known as the Orphans, Colts and White Stockings.

Team 1 is _____

Team 2

They were formed in 1977.

Their kit colors include blue, silver and green.

Their mascot is a moose.

They play in the American League West Division.

Team 2 is _____

Answers on page 68

Match the Silhouettes

Can you draw a line between the players on this page and their matching silhouettes on the next page?

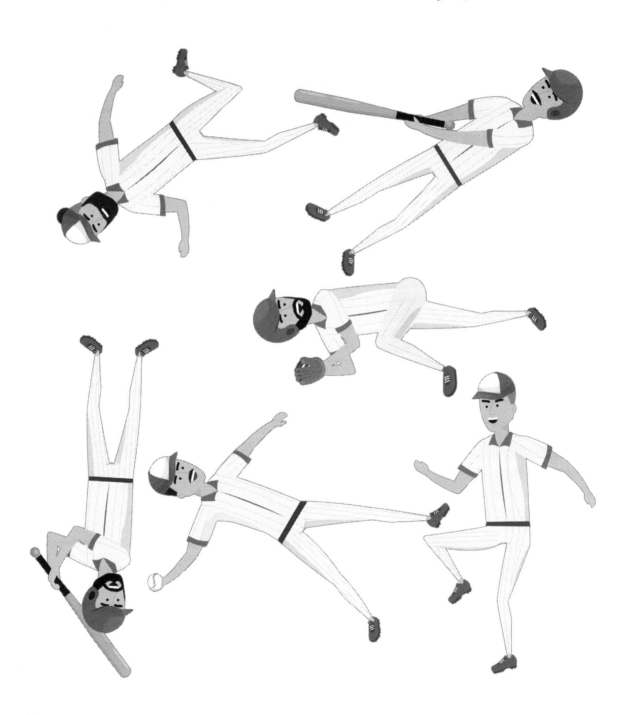

Answer on page 68

All Mixed Up

All the player's positions got put in the tumble dryer by mistake. Now they're all mixed up.

Can you unravel them?

1. Car Tech _____

2. Elf Tire Cipher _____

3. Frenetic Elder _____

4. Fried Lighter _____

5. Hot Sports _____

6. Rip Tech _____

7. Safest Rib _____

8. Shattered Editing _____

Answers on page 75

Baseball Talk #1

"The best thing about baseball is there's no homework."

- DAN QUISENBERRY

Don't tell the coach!

"The other teams could make trouble for us if they win."

- YOGI BERRA

He's right, you know. It's always harder when the other teams win?!!

"A hot dog at the game beats roast beef at the Ritz"

- FAMOUS ACTOR, HUMPHREY BOGART

The Ritz is a very fancy, and very expensive hotel, so their roast beef is probably very good. But you can't see the home plate from their tables!

Missing Letters #1

We were writing a list of Baseball teams when a sneaky thief stole some of the letters! Can you work out the team names?

1. _OU__ON A___O_

2. _E_A_ _AN_E__

3. MINNE_O_A __IN_

4. _EA___E MA_INE__

5. OA__AN_ A___E_I__

6. _IN_INNA_I _E__

7. _O_ON_O __UE _A__

8. _AM_A _A_ _A__

Answers on page 84

Design a Baseball Shirt

Your team want a new super cool shirt.
Can you help design one for them?

Match the Pairs

Next to each letter on the following page, write down the number of the picture which matches each of the pictures on this page.

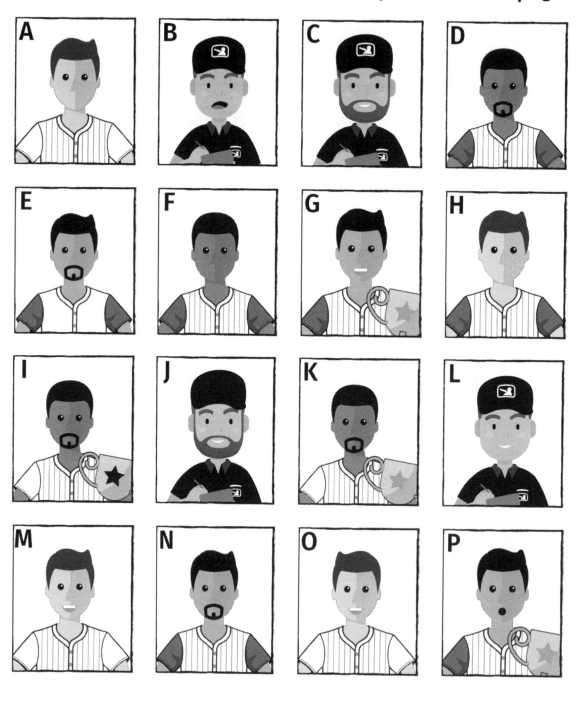

A __ B __ C __ D __ E __ F __ G __ H __

I __ J __ K __ L __ M __ N __ O __ P __

Answers on page 82

Beat the Clock – Players!

You have five minutes! Can you write down the names of twenty baseball players? Fifteen is impressive, twenty would be amazing!

1 _____

2 _____

3 _____

4 _____

5 _____

6 _____

7 _____

8 _____

9 _____

10 _____

11 _____

12 _____

13 _____

14 _____

15 _____

16 _____

17 _____

18 _____

19 _____

20 _____

True or False?

We've found some amazing baseball facts - but we've also made some up. Can you tell which are True, and which are False?

1. When Jimmy Pearsall hit his 100th home run in 1963, he ran the bases facing backward to celebrate. True or False?

2. New York Mets manager Bobby Valentine was once ejected from a game, but snuck back on to the field dressed as an umpire. True or False?

3. The minor league team, the Albuquerque Isotopes are named after the baseball team in The Simpsons? True or False?

4. There was once a Baseball player called Rooster Coyote. True or False?

5. The Microwave, The Marshmallow Infant, and Pac Man are all real nicknames that have been given to popular baseball players. True or False?

6. Over one thousand people have played, as either a batter or pitcher, for just one game in the majors. True or False?

Answers on page 71

Secret Code Players #1

On this page are the names of ten baseball players. They've been translated into a secret code! The table below lists all the letters from A to Z and their "secret code", to work out the players' names. Good luck!

A	B	C	D	E	F	G	H	I	J	K	L	M	N	O	P	Q	R	S	T	U	V	W	X	Y	Z
W	F	O	C	Y	U	R	J	P	T	G	S	D	A	L	I	M	V	K	Z	B	H	Q	X	E	N

C W H P C   L V Z P N

_ _ _ _ _   _ _ _ _ _

W S F Y V Z   I B T L S K

_ _ _ _ _ _   _ _ _ _ _ _

I Y C V L   D W V Z P A Y N

_ _ _ _ _   _ _ _ _ _ _ _ _

O W V S L K   F Y S Z V W A

_ _ _ _ _ _   _ _ _ _ _ _ _

T L Y E   H L Z Z L

_ _ _ _   _ _ _ _ _

Answers on page 77

Stadium Word Search #1

Can you find the baseball stadiums hidden in the grid below?

```
K V D S S B P N Q Z G T B Y E K S E U
B C L R M N E B W F D S Z W R R Y Q A
D L E I F S R O O C N L Y M T A H D E
R L I N W X E M T D W J J K N P D D D
W V F T L G B M E G P U V E E D P L L
I K Y L W K Y Q U E J Z H D C I E E E
R O E M A R L I N S P A R K S A Y E I
W R L O C A P N M T S C A J R M N I F
B P G Q O P U Y O Y E N U P E E R M A
J H I T L O Y H P R F O K M G T W L N
M S R S T C B O J Y A J C H O U H K A
Z N W E F T K D Q B V C M W R N X H C
D L E I F E F I L E B O L G Y I V I I
U Z K X V P U I R J Z J F E N M N B P
B V E X Y H L R K N A S W U P H N Y O
Y W J U K Y R I C D C S L Q H A L B R
E M C I T I Z E N S B A N K P A R K T
I T Z F Y G M H Q D C W F B L M L K V
C T A S C X Q C V R M D E Z L B D V U
```

Globe Life Field, Wrigley Field, Minute Maid Park, Petco Park, Tropicana Field, Oracle Park, Rogers Centre, Coors Field, Citizens Bank Park, Marlins Park

Answers on page 91

Coloring Time!

Can you color in the picture of the player below?

Baseball's Best #1

Can you find the names of ten of Baseball's best players?

```
A R E V I R O N A I R A M D A X R
R Q X J K L O S F F K Y G B E O Q
E T M W N E S Q Y A G U W Y B Y J
N F A D O P S I C C Z M Y I F X U
G V N W H B T P K J N E N W A J S
A D N B A E B P J S L S R R D A T
W Q Y V J C O W K T O Y E N R R I
Y B R D U G C P U N X J T P I D N
L N A L D D O E C K N M E N A F V
L T M H D Y S A N M X C J L N P E
I N I X P A N T I Q M E K R B W R
B T R V H O G V I E R S E A E D L
W S E C J F F J Z E G L R Q L K A
R E Z R E H C S X A M R E N T X N
K W U J R W J C V C Q D D F R W D
N O S N H O J Y D N A R Z T E S E
G M L O F H M C S Y D E L M J U R
```

Chase Utley, Robinson Cano, Mariano Rivera, Max Scherzer, Randy Johnson, Manny Ramirez, Billy Wagner, Justin Verlander, Adrian Beltre, Derek Jeter

Answers on page 90

Spot the Difference

There are ten differences between the picture on this page and the next. Can you find all of them?

Differences:

1. _____

2. _____

3. _____

4. _____

5. _____

6. _____

7. _____

8. _____

9. _____

10. _____

Answers on page 70

Baseball Math #2

⚾ =3   🏆 =1   🔶 =4

⚾ + 🏆 = _____

⚾ + 🏆 + 1 = _____

⚾ - 3 + ⚾ - 2 = _____

🔶 + 🏆 - ⚾ = _____

🔶 - 1 + 🔶 = _____

🔶 + (2 x 🏆) = _____

Answers on page 64

All Around the World!

There are baseball players from all over the world. Can you match the players below with the country where they were born?

1. Yan Gomes

2. Josh Naylor

3. Gio Urshela

4. Jeurys Familia

5. Julio Urías

6. Jonathan Araúz

7. Jesús Luzardo

8. Kenta Maeda

9. Max Kepler

Peru

Panama

Mexico

Japan

Germany

Dominican

Colombia

Canada

Brazil

Answers on page 79

Design a Baseball Badge

Your favorite team want a wonderful new badge for their shirts.
We've put some ideas at the bottom if you need inspiration.

How Many Words? #1

DESIGNATED HITTER

Using just the letters in DESIGNATED HITTER, how many words can you make? Give yourself 2 points for any two letter words, 3 points for three letters words, 4 points for ... ok, you should have worked out how many by now. Good luck!

_____

_____

_____

_____

_____

_____

How Many?

Can you count how many each of the boots, balls, helmets, pennants, and shirts there are? Write the answers in the boxes.

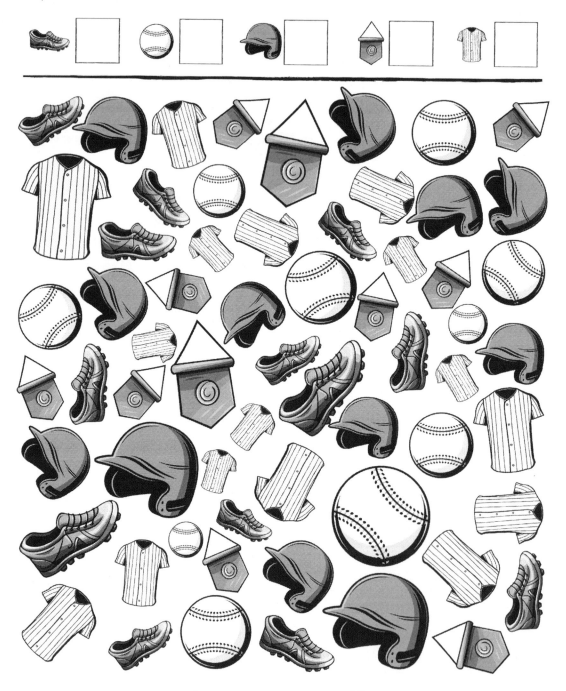

Answers on page 82

Amazing Coloring

How amazing is your coloring? Show us here.

Where on the Map? #2

Well done on working out that you have to turn the book on to its side to read this page (If you haven't, quick, do it now, before anyone sees). On the next page is a map of the USA. Each number is home to a baseball team. Can you match the team to the correct number?

Minnesota Twins ☐

Colorado Rockies ☐

Atlanta Braves ☐

Miami Marlins ☐

St. Louis Cardinals ☐

Pittsburgh Pirates ☐

Arizona Diamondbacks ☐

Seattle Mariners ☐

Oakland Athletics ☐

For a bonus point, can you name the Major League Baseball team that isn't based in the USA? _____

Answers on page 69

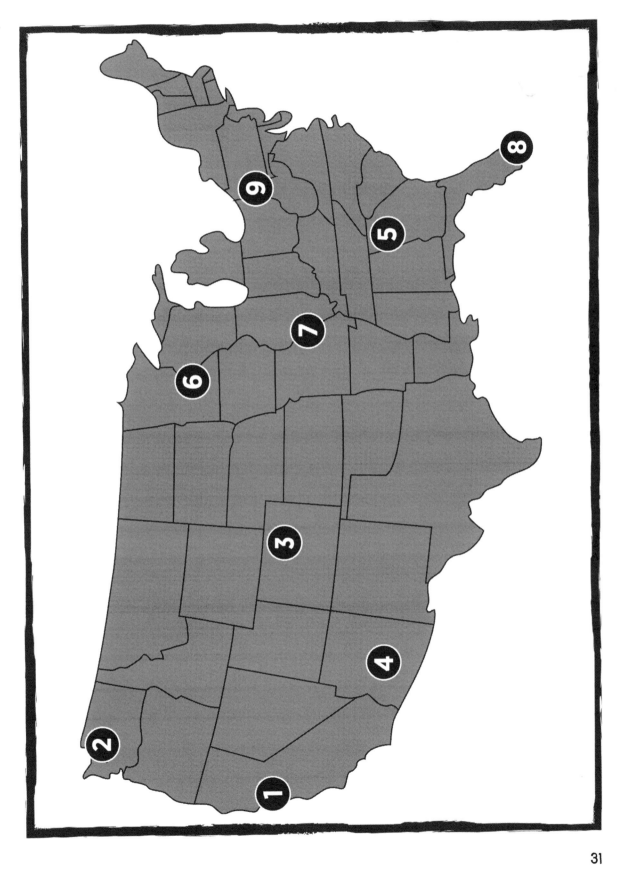

Secret Code Teams

On this page are the names of ten baseball teams. They've been translated into a secret code! The table below lists all the letters from A to Z and their "secret code", to work out the names. Good luck!

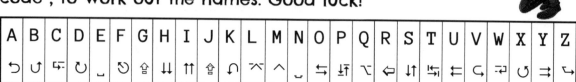

A	B	C	D	E	F	G	H	I	J	K	L	M	N	O	P	Q	R	S	T	U	V	W	X	Y	Z

_ _ _ _ _ _

_ _ _ _ _ _ _ _ _

_ _ _ _ _ _

_ _ _ _ _ _ _ _ _

_ _ _ _ _ _ _ _ _

Answer on page 80

The Greatest Ever Team

Who would play in your ultimate team? Don't forget to add yourself in your favorite position.

Position

Player

	Position	Player
1	Pitcher	_____
2	Catcher	_____
3	First Base	_____
4	Second Base	_____
5	Third Base	_____
6	Shortstop	_____
7	Left Fielder	_____
8	Center Fielder	_____
9	Right Fielder	_____
10	Relief Pitcher	_____
11	Utility	_____

Your Ratings

Fill out the ratings card below with your own name, picture and skill scores.

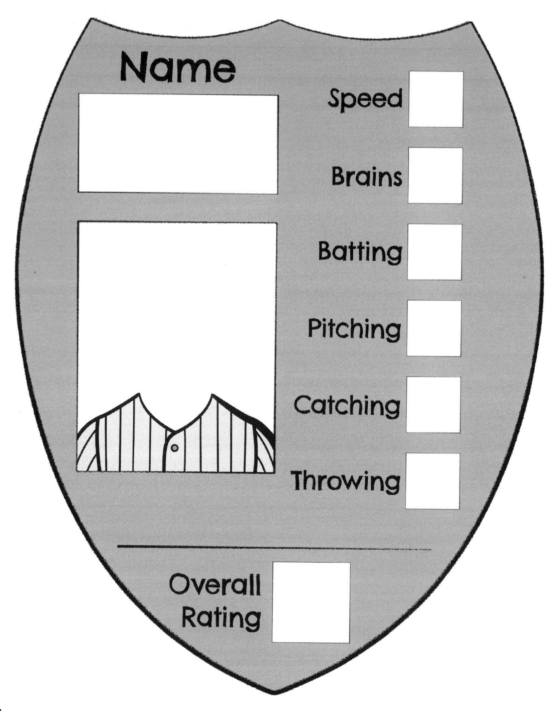

Name

Speed

Brains

Batting

Pitching

Catching

Throwing

Overall Rating

Baseball Talk #2

"I don't want to play golf. When I hit the ball, I want others to chase it."
                              - ROGER HORNSBY

Sure, but wouldn't you like one of those electric golf carts to drive you around the field?

"I watch a lot of baseball on radio"
        - FORMER PRESIDENT GERALD FORD

Hmmm... do all Presidents get radios you can watch?

"If a horse won't eat it, I don't want to play on it."
                              - DICK ALLEN

Some players aren't keen on artificial turf. Or maybe he just owns a horse that eats everything?

Name That Team #2

Team 3

They are named after a bird.

Their kit colors include orange.

They used to be known as the St Louis Browns.

They play in the American League East Division.

Team 3 is _____

Team 4

They are named after a pair of cities.

Their kit colors include red and blue.

They won the World Series in 1991.

They play in the American League Central Division.

Team 4 is _____

Answers on page 75

36

Who will hit a Home Run?

Four players, but only one will hit the winner. Who will it be?

Home run!!! Strike out Tag out Fly out

The answer is on page 68

Find the Positions

Can you find the Baseball positions in the word search?

```
R B Z F X Z J Y R H P R X J J A D
E B S R U A P A W V E I O G L M Y
D O T U E U Y X T D F X T A S X R
L H H E V S Z Y L B L P H C F D G
E D K Z U T A E E S E Z T I H O L
I H T A W Y I B H G J K R S V E U
F O M P L F Y O D P N S D Z N O R
T K Y H T H R N T R T N F A Y E C
F F A H A T B J N B I L M W H I N
E Z G S S Y K V A Q C H V C H E L
L I Z T W S E S O E P Z T R T D V
R F O N E L E Y M G B A U J Y C G
D P X E S A B D N O C E S D G Q Q
C E N T E R F I E L D E R K B L F
O Z L Q I G X D F X V U H G Z A X
V B M V G B M O T Z M M H L M S P
F H G A M J S W P I K S V K S T N
```

Pitcher, Catcher, First base, Second base, Third base, Shortstop, Left fielder, Center fielder, Right fielder

Answers on page 93

Baseball Math #3

🧤=2   🪖=1   🏏=4   ⚾=3

🧤 x 🪖 = ___

🏏 + 🪖 + ⚾ + 🏏 = ___

🪖 + 🧤 + 🏏 - ⚾ = ___

(🧤 x 2) + 2 = ___

(⚾ x 2) - 🪖 = ___

🏏 - (4 x 🪖) = ___

Answers on page 65

Baseball's New Superstar

Your team have made a new signing called Roberto Silva, and you've been sent to meet him at the airport. Follow the clues to work out which of the people on the opposite page is Roberto. Put a cross next to any player you know isn't Roberto and, by the end of the clues, you should just have one player left!

Clue #1   Roberto is not wearing a face mask.

Clue #2   Roberto is not bald.

Clue #3   Roberto is not holding a bat

Clue #4   Roberto is not wearing a helmet.

Clue #5   Roberto has not got a beard.

Clue #6   Roberto is wearing a cap.

Clue #7   Roberto is holding a ball.

If you've found Roberto, congratulations – if not, go back to the start and make sure you follow the clues exactly!

Answer on page 73

Which Stadium?

There are lots of great ballparks, but do you know their names?
Try to match these teams with the correct stadium?

1. Arizona Diamondbacks   Truist Park

2. Atlanta Braves   Kauffman Stadium

3. Colorado Rockies   Tropicana Field

4. Houston Astros   Oracle Park

5. Kansas City Royals   Coors Field

6. San Diego Padres   Minute Maid Park

7. San Francisco Giants   Petco Park

8. Tampa Bay Rays   Chase Field

9. Texas Rangers   Globe Life Field

Answers on page 76

Coloring Skills!

If you want to play baseball you need to practice your skills

Baseball's Best #2

Can you find the names of ten of Baseball's best players?

```
G S A N I L O M R E I D A Y L Q S
A K N L F L S J F A E U X E U A D
I C H I R O S U Z U K I R Y R T Z
O E T N L M P J F Y Q B W E S L E
O Z Q U O L K W N S M B R I L V U
C M T I Y P O T O I W B S N G S G
Y Q J T G U X R K X A N Q O Q W I
B B J F R N I G Y C J T T B R R R
F A V O L V I U L M V D D J V X D
A L R A S A X E U W M D Q G K H O
O R E R R E U G R I M I D A L V R
E B I C Y G A T O I F P J P N P X
D O Y O I B L L X E M J X L E R E
V G Q M T U O R T E K I M I L Q L
T C L H Q N D N D U C B P H A T A
Q R I O P E J Z D C V F L M N C A
T X P J M C Y V K S I E R S T E X
```

Jimmy Rollins, Alex Rodriguez, Miguel Cabrera, Jose Altuve,
Craig Kimbrel, Vladimir Guerrero, Barry Bonds, Ichiro Suzuki,
Mike Trout, Yadier Molina

Answers on page 83

Marching to the Game

Two fans have got lost on the way to the stadium. Can you help them through the maze so they can watch the game?

Answer on page 72

Design a Ballpark

Your favorite team want an amazing new stadium. Can you help by drawing up some plans? Will you have a grand entrance? Will you have the team's name on a large sign? Maybe you'll get some ideas from the stadiums below?

 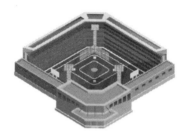 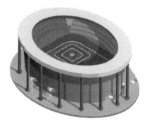

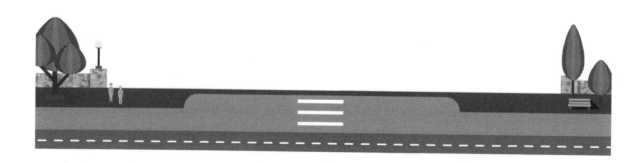

How Many Words? #2

STARTING PITCHER

Using just the letters in STARTING PITCHER, how many words can you make? Give yourself 2 points for any two letter words, 3 points for three letters words, 4 points for four, and so on. Good luck!

Beat the Clock - Team Names!

How many Major League Baseball teams can you name in five minutes?

Ten would be good, fifteen amazing and twenty means you're a superfan!

1 _____

2 _____

3 _____

4 _____

5 _____

6 _____

7 _____

8 _____

9 _____

10 _____

11 _____

12 _____

13 _____

14 _____

15 _____

16 _____

17 _____

18 _____

19 _____

20 _____

Win the Cup!

Can you find the path to the center of the maze and win the cup!

Answer on page 74

Stadium Word Search #2

Can you find the baseball stadiums hidden in the grid below?

```
X J M Y E K V C K V U U G C N C C R I
J Q Q U F Y R S T L A Y H G W Y D X C
O M K M I K K A K H P M A X M K O D T
A S R B L D R Q P S D J G F K A K O N
K Y A A V C A N G E L S T A D I U M C
L C P M M J P T J L L H T E E H P L O
A D S P F A C U S E O I M K J X R X M
N G L B V I N I K E F Z B T Z W Q Q E
D T A E E W P Y N R E P C O G J U M R
C R N D I U E I D P A K J N M Z B C I
O Q O A L F X J V Z I P N R X T Z V C
L B I V B D T X Y P Q V E A Z F R E A
I T T G Y L W E O Z R M T L Y H R U P
S X A R U Q G L G A B I S X O M U M A
E H N P E J B H S R U U X Q E I C E R
U F V V P S B A Z F A C E S M T R D K
M E M E W M Z Q U O M T K X H H S O J
G U A R A N T E E D R A T E F I E L D
H L T W U C N M S U O J R A F J U B K
```

Yankee Stadium, Angel Stadium, PNC Park, Comerica Park, T-Mobile Park, Oriole Park, Guaranteed Rate Field, Target Field, Oakland Coliseum, Nationals Park

Answers on page 88

Mixed Up Teams

The names of some baseball teams have been mixed up.

Can you unravel these team names?

1. I Ditto Regrets   _____

2. Oats Says Crankily   _____

3. Next Door Boss   _____

4. Showing Alan Into Ants   _____

5. Glens Legal Season   _____

6. Mini Mail Rams   _____

7. Sneaky Key Owner   _____

8. Old Cookies Or Car   _____

Answers on page 81

Baseball Talk #3

"Baseball, it is said, is only a game. True. And the Grand Canyon is only a hole in Arizona."

— GEORGE WILL

Deep thinking from George.

"Trying to sneak a pitch past Hank Aaron is like trying to sneak the sunrise past a rooster."

— JOE ADCOCK

If any of you have a rooster, let me know if this is possible.

"The baseball mania has run its course. It has no future as a professional endeavor."

— THE CINCINNATI GAZETTE IN 1879

This Cincinnati newspaper thought people would get bored of baseball. Over a hundred years have passed since they said it, and we're not bored yet, are we?!

Missing Letters #2

We were writing a list of some of the best ever Baseball players when a sneaky thief stole some of the letters!
Can you work out the names?

1. B___ R___

2. W_____ M___

3. B_____ B_____

4. T__ W_____

5. H___ A_____

6. T_ C___

7. R_____ C_____

8. S___ M_____

Answers on page 78

Name That Team #3

Team 5

They were originally named after a fish.

Their kit colors include light and dark blue.

Until 2007 they had the word Devil in their name.

They play in the American League East Division.

Team 5 is _____

Team 6

Their team name means 'Fathers' in Spanish.

Their kit colors include brown and gold.

They were formed in 1969.

They play in the National League West Division.

Team 6 is _____

Answers on page 84

Secret Code Players #2

On this page are the names of ten baseball players. They've been translated into a secret code! The table below lists all the letters from A to Z and their "secret code", to work out the players' names. Good luck!

A	B	C	D	E	F	G	H	I	J	K	L	M	N	O	P	Q	R	S	T	U	V	W	X	Y	Z
K	Y	H	O	N	V	Z	S	M	J	F	X	T	E	U	I	P	C	W	B	A	R	G	Q	L	D

C U L   S K X X K O K L

_ _ _   _ _ _ _ _ _ _ _

H X K L B U E   F N C W S K G

_ _ _ _ _ _ _   _ _ _ _ _ _ _

H S C M W   W K X N

_ _ _ _ _   _ _ _ _

J U S K E   W K E B K E K

_ _ _ _ _   _ _ _ _ _ _ _

Y A W B N C   I U W N L

_ _ _ _ _ _   _ _ _ _ _

Answer on page 87

Baseball Word Search

Can you find the words in this baseball themed puzzle?

```
Y J X E B R O H W M T Q D G B I J
J S C J T C D T L S T V C G A M Y
N D N T Z N F H E O I G Y W S F U
B V O R I P K O C E Q Z U H E Q O
Y I K L U J A M M H J U I W B R R
Z A B D Q G P E W Q D X U U A Y R
M G I N B C R R U U P M H P L U I
N B L E Q E O U Q T P X D M L W D
H G F P C C M N X I C L V R X M E
C Y O L Q K M N R H E A I Z J L L
R C E L O A D E D I G E N K L L C
U D E U X R J I F N X O Z L X A G
E F B B W V U T B S O Q Y Y O B I
H Z M V X M U I R T R M J N E T I
N U H Y B O E K I R T S A U Q S Z
E T A L P E M O H W T E T I X A N
A Q O P B R P L K U P T H J D F A
```

Baseball, Diamond, Bullpen, Loaded, Fastball, Home Plate,
Outfield, Strike, Umpire, Home Run

Answers on page 92

Baseball Math #4

👕 =1   🏆 =2   🎟️ =4   ⚾ = 3

(🎟️ - ⚾) + (3 - 👕) = _____

(🏆 x 3) - 👕 =   _____

2 + (🏆 x 2) =   _____

(🎟️ ÷ 2) + 🏆 =   _____

🏆 + 🎟️ - 👕 + ⚾ = _____

(🏆 x 2) ÷ 🎟️ =   _____

Answers on page 66

Design a Flag for the Stadium!

Ted is the biggest baseball fan (after you!). To celebrate, he's bought the biggest flag he could find to take to the stadium. Can you help by coloring in a great design for him?

Race to Baseball School

Michael, Alex, Emma, Noah, and Ava are racing to Baseball School to start training. Who will get there first?

Answer on page 89

ANSWERS

Baseball Math #1

(helmet) =1   (jersey) =2   (ticket) =3

(jersey) + (ticket) =   5

1 + (jersey) + (ticket) =   6

(ticket) + 3 + (helmet) =   7

(ticket) + (ticket) + (jersey) =   8

(helmet) + (jersey) - 1 =   2

2 + (helmet) + (ticket) + 1 =   7

Baseball Math #2

$$\text{⚾} = 3 \qquad \text{🏆} = 1 \qquad \text{⬆} = 4$$

⚾ + 🏆 =   4

⚾ + 🏆 + 1 =   5

⚾ - 3 + ⚾ - 2 =   1

⬆ + 🏆 - ⚾ =   2

⬆ - 1 + ⬆ =   7

⬆ + (2 x 🏆) =   6

Baseball Math #3

$$\text{(glove)} = 2 \qquad \text{(helmet)} = 1 \qquad \text{(bat)} = 4 \qquad \text{(ball)} = 3$$

$$\text{(glove)} \times \text{(helmet)} = \qquad 2$$

$$\text{(bat)} + \text{(helmet)} + \text{(ball)} + \text{(bat)} = 12$$

$$\text{(helmet)} + \text{(glove)} + \text{(bat)} - \text{(ball)} = 4$$

$$(\text{(glove)} \times 2) + 2 = \qquad 6$$

$$(\text{(ball)} \times 2) - \text{(helmet)} = \qquad 5$$

$$\text{(bat)} - (4 \times \text{(helmet)}) = \qquad 0$$

65

Baseball Math #4

👕 =1	🏆=2	🎟TICKET=4	🏏 = 3

(🎟 - 🏏) + (3 - 👕) = 3

(🏆 x 3) - 👕 =   5

2 + (🏆 x 2) =   6

(🎟 ÷ 2) + 🏆 =   4

🏆 + 🎟 - 👕 + 🏏 = 8

(🏆 x 2) ÷ 🎟 =   1

Where on the Map? #1

Venezuela is number 5

Nicaragua is 8

Cuba is 4

Mexico is 2

Panama is 7

Colombia is 9

Curacao is 3

Brazil is 6

Dominican Republic is 1

Match the Silhouettes

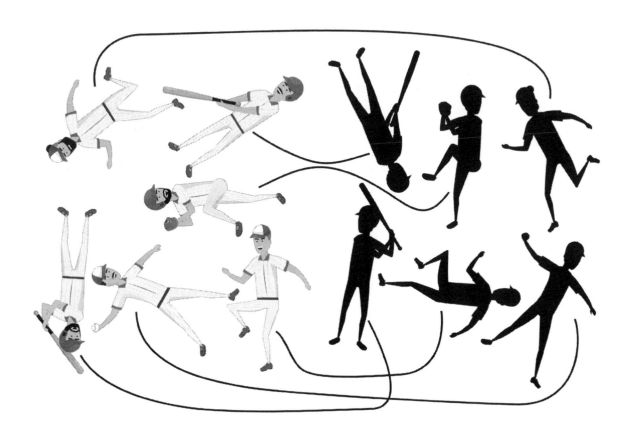

Name That Team #1

Team 1 is the Chicago Cubs.

Team 2 is the Seattle Mariners.

Who will hit a Home Run?

Player D

Where on the Map? #2

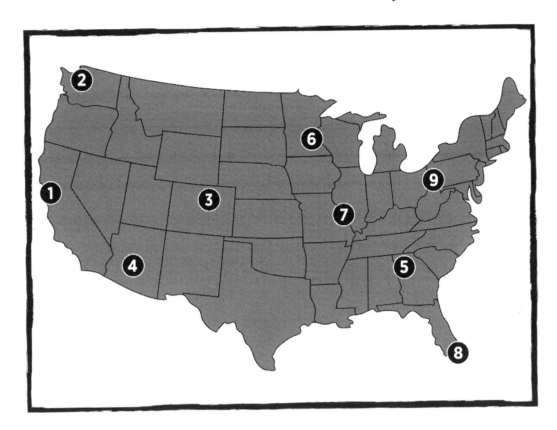

Oakland Athletics are number 1

Seattle Mariners are number 2

Colorado Rockies are number 3

Arizona Diamondbacks are number 4

Atlanta Braves are number 5

Minnesota Twins are number 6

St. Louis Cardinals are number 7

Miami Marlins are number 8

Pittsburgh Pirates are number 9

Toronto Blue Jays, from Canada, are the only team not in the USA.

Spot the Difference

True or False?

1. When Jimmy Pearsall hit his 100th home run in 1963, he ran the bases facing backward to celebrate. True or False?
   True.

2. New York Mets manager Bobby Valentine was once ejected from a game, but snuck back on to the field dressed as an umpire. True or False?
   False, although he did change into everyday clothes and a fake mustache so he could return to the dugout unnoticed.

3. The minor league team, the Albuquerque Isotopes are named after the baseball team in The Simpsons? True or False?
   True. They're named after the Springfield Isotopes.

4. There was once a Baseball player called Rooster Coyote. True or False?
   False, he was actually called Chicken Fox, and he played most of his career with the Louisville Colonels.

5. The Microwave, The Marshmallow Infant, and Pac Man are all real nicknames that have been given to popular baseball players. True or False?
   True.

6. Over one thousand people have played, as either a batter or pitcher, for just one game in the majors. True or False?
   True. They're knows as 'Cup of Coffee' players.

Marching to the Game

Baseball's New Superstar

Win the Cup!

All Mixed Up

1. Car Tech — Catcher

2. Elf Tire Cipher — Relief Pitcher

3. Frenetic Elder — Center fielder

4. Fried Lighter — Right fielder

5. Hot Sports — Shortstop

6. Rip Tech — Pitcher

7. Safest Rib — First base

8. Shattered Editing — Designated Hitter

Name That Team #2

Team 3 is the Baltimore Orioles.

Team 4 is the Minnesota Twins.

Which Stadium?

1. Arizona Diamondbacks   Chase Field

2. Atlanta Braves   Truist Park

3. Colorado Rockies   Coors Field

4. Houston Astros   Minute Maid Park

5. Kansas City Royals   Kauffman Stadium

6. San Diego Padres   Petco Park

7. San Francisco Giants   Oracle Park

8. Tampa Bay Rays   Tropicana Field

9. Texas Rangers   Globe Life Field

Secret Code Players #1

A	B	C	D	E	F	G	H	I	J	K	L	M	N	O	P	Q	R	S	T	U	V	W	X	Y	Z
W	F	O	C	Y	U	R	J	P	T	G	S	D	A	L	I	M	V	K	Z	B	H	Q	X	E	N

CWHPC LVZPN
DAVID ORTIZ

WSFYVZ IBTLSK
ALBERT PUJOLS

IYCVL DWVZPAYN
PEDRO MARTINEZ

OWVSLK FYSZVWA
CARLOS BELTRAN

TLYE HLZZL
JOEY VOTTO

Missing Letters #2

1. Babe Ruth

2. Willie Mays

3. Barry Bonds

4. Ted Williams

5. Hank Aaron

6. Ty Cobb

7. Roger Clemens

8. Stan Musial

All Around the World!

1	Yan Gomes	Brazil
2	Josh Naylor	Canada
3	Gio Urshela	Colombia
4	Jeurys Familia	Dominican
5	Julio Urías	Mexico
6	Jonathan Araúz	Panama
7	Jesús Luzardo	Peru
8	Kenta Maeda	Japan
9	Max Kepler	Germany

Secret Code Teams

A	B	C	D	E	F	G	H	I	J	K	L	M	N	O	P	Q	R	S	T	U	V	W	X	Y	Z
⮌	⮍	⎗	↻	␣	⎋	⇪	⇊	⇈	⇪	⎌	⌤	⌃	␣	⇆	⇵	⌥	⇦	⇅	↹	⇇	↪	⎆	↺	⇉	↳

↹ ⇈ ⇪ ␣ ⇦ ⇅

T I G E R S

␣ ⮌ ↹ ⇈ ⇆ ␣ ⮌ ⌤ ⇅

N A T I O N A L S

⮌ ⇅ ↹ ⇦ ⇆ ⇅

A S T R O S

⮌ ↹ ⇊ ⌤ ␣ ↹ ⇈ ⎗ ⇅

A T H L E T I C S

⎗ ⮌ ⇦ ↻ ⇈ ␣ ⮌ ⌤ ⇅

C A R D I N A L S

Mixed Up Teams

1	I Ditto Regrets	Detroit Tigers
2	Oats Says Crankily	Kansas City Royals
3	Next Door Boss	Boston Red Sox
4	Showing Alan Into Ants	Washington Nationals
5	Glens Legal Season	Los Angeles Angels
6	Mini Mail Rams	Miami Marlins
7	Sneaky Key Owner	New York Yankees
8	Old Cookies Or Car	Colorado Rockies

Match the Pairs

A <u>11</u>　　B <u>16</u>　　C <u>12</u>　　D <u>10</u>　　E <u>14</u>　　F <u>13</u>　　G <u>7</u>　　H <u>4</u>

I <u>8</u>　　J <u>3</u>　　K <u>1</u>　　L <u>9</u>　　M <u>6</u>　　N <u>5</u>　　O <u>2</u>　　P <u>15</u>

How Many?

 13　 10　 12　 11　 16

Baseball's Best #2

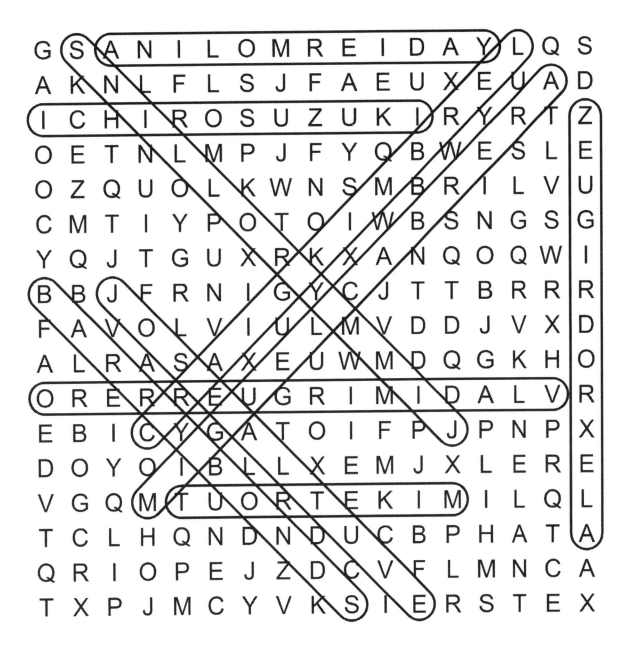

G S A N I L O M R E I D A Y L Q S
A K N L F L S J F A E U X E U A D
I C H I R O S U Z U K I R Y R T Z
O E T N L M P J F Y Q B W E S L E
O Z Q U O L K W N S M B R I L V U
C M T I Y P O T O I W B S N G S G
Y Q J T G U X R K X A N Q O Q W I
B B J F R N I G Y C J T T B R R R
F A V O L V I U L M V D D J V X D
A L R A S A X E U W M D Q G K H O
O R E R R E U G R I M I D A L V R
E B I C Y G A T O I F P J P N P X
D O Y O I B L L X E M J X L E R E
V G Q M T U O R T E K I M I L Q L
T C L H Q N D N D U C B P H A T A
Q R I O P E J Z D C V F L M N C A
T X P J M C Y V K S I E R S T E X

Jimmy Rollins, Alex Rodriguez, Miguel Cabrera, Jose Altuve,
Craig Kimbrel, Vladimir Guerrero, Barry Bonds, Ichiro Suzuki,
Mike Trout, Yadier Molina

83

Missing Letters #1

1. Houston Astros

2. Texas Rangers

3. Minnesota Twins

4. Seattle Mariners

5. Oakland Athletics

6. Cincinnati Reds

7. Toronto Blue Jays

8. Tampa Bay Rays

Name That Team #3

Team 5 is the Tampa Bay Rays.

Team 6 is the San Diego Padres.

3D Maze-y Pitching!

Top Teams Word Search #1

```
C I L T V C Y Q A E K T M H I R D
M O S N U K B J M O X E K T E Z D
S R G B V W A Q R S T X E Z P K J
E L S H M C A I H S R W S L N G Q
I E J P G G O L Y Z M C N X W I W
L T A L B L M J H A M H F B W S W
L A S B E C V V A W S B A L K P H
I P K S F H Q D S N G M P R D S I
H I V F Y R B S N E K R A E B T
P R X Q O Q S R L R G B K R Y W E
D A R B R A V E S S F V D J K U S
N T B A G U X W M A T A R F B P O
Y E A P C T Q E N E P N L Q A L X
X S O V H D S R W Q X V A V D B G
K S D Z R E Z B M B Z Y Q I B K H
I H Z R O O I G D Z R M G F G Z E
S L W R P H Y H S K J J O Y Q D Y
```

Braves, Brewers, Cubs, Giants, Mets, Orioles, Padres, Phillies, Pirates, White Sox

Secret Code Players #2

A	B	C	D	E	F	G	H	I	J	K	L	M	N	O	P	Q	R	S	T	U	V	W	X	Y	Z
K	Y	H	O	N	V	Z	S	M	J	F	X	T	E	U	I	P	C	W	B	A	R	G	Q	L	D

CUL SKXXKOKL

ROY HALLADAY

HXKLBUE FNCWSKG

CLAYTON KERSHAW

HSCMW WKXN

CHRIS SALE

JUSKE WKEBKEK

JOHAN SANTANA

YAWBNC IUWNL

BUSTER POSEY

Stadium Word Search #2

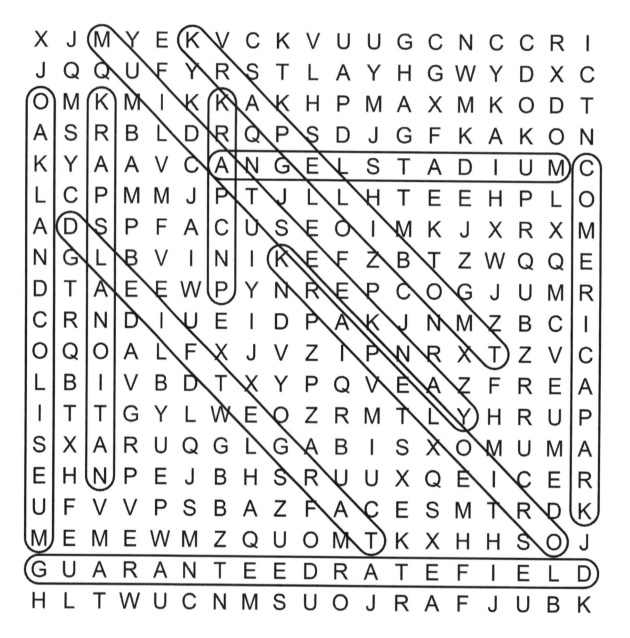

X J M Y E K V C K V U U G C N C C R I
J Q Q U F Y R S T L A Y H G W Y D X C
O M K M I K K A K H P M A X M K O D T
A S R B L D R Q P S D J G F K A K O N
K Y A A V C A N G E L S T A D I U M C
L C P M M J P T J L L H T E E H P L O
A D S P F A C U S E O I M K J X R X M
N G L B V I N I K E F Z B T Z W Q Q E
D T A E E W P Y N R E P C O G J U M R
C R N D I U E I D P A K J N M Z B C I
O Q O A L F X J V Z I P N R X T Z V C
L B I V B D T X Y P Q V E A Z F R E A
I T T G Y L W E O Z R M T L Y H R U P
S X A R U Q G L G A B I S X O M U M A
E H N P E J B H S R U U X Q E I C E R
U F V V P S B A Z F A C E S M T R D K
M E M E W M Z Q U O M T K X H H S O J
G U A R A N T E E D R A T E F I E L D
H L T W U C N M S U O J R A F J U B K

Yankee Stadium, Angel Stadium, PNC Park, Comerica Park,
T-Mobile Park, Oriole Park, Guaranteed Rate Field, Target Field,
Oakland Coliseum, Nationals Park

88

Race to Baseball School

Emma will get there first!

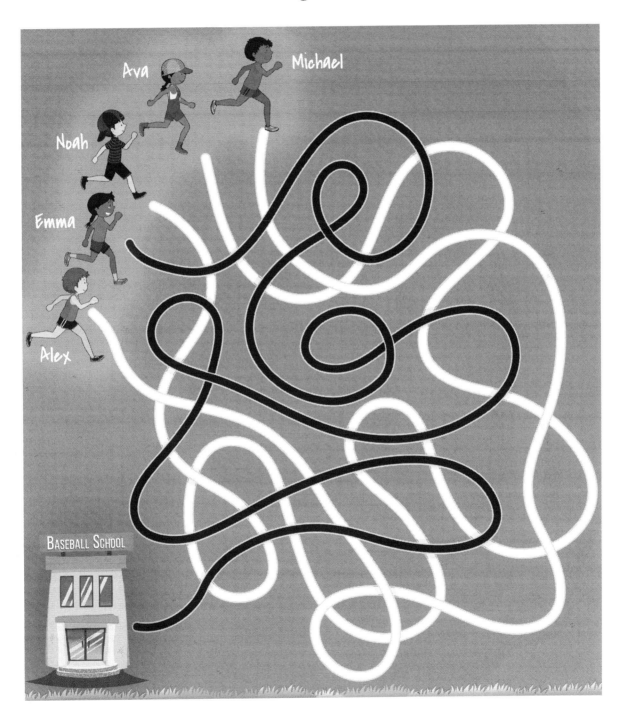

Baseball's Best #1

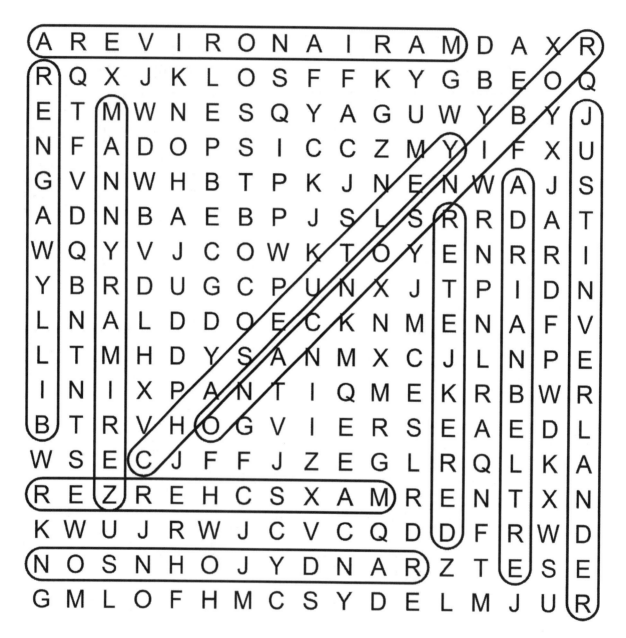

A R E V I R O N A I R A M D A X R
R Q X J K L O S F F K Y G B E O Q
E T M W N E S Q Y A G U W Y B Y J
N F A D O P S I C C Z M Y I F X U
G V N W H B T P K J N E N W A J S
A D N B A E B P J S L S R D A T
W Q Y V J C O W K T O Y E N R I N
Y B R D U G C P U N X J T P I D V
L N A L D D O E C K N M E N A F E
L T M H D Y S A N M X C J L N P R
I N I X P A N T I Q M E K R B W L
B T R V H O G V I E R S E A E D A
W S E C J F F J Z E G L R Q L K N
R E Z R E H C S X A M R E N T X D
K W U J R W J C V C Q D D F R W E
N O S N H O J Y D N A R Z T E S E
G M L O F H M C S Y D E L M J U R

Chase Utley, Robinson Cano, Mariano Rivera, Max Scherzer, Randy Johnson, Manny Ramirez, Billy Wagner, Justin Verlander, Adrian Beltre, Derek Jeter

Stadium Word Search #1

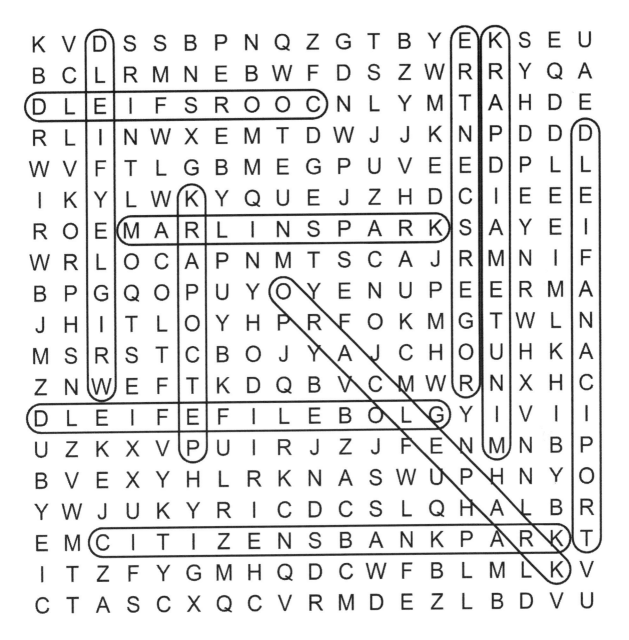

K V D S S B P N Q Z G T B Y E K S E U
B C L R M N E B W F D S Z W R R Y Q A
D L E I F S R O O C N L Y M T A H D E
R L I N W X E M T D W J J K N P D D D
W V F T L G B M E G P U V E E D P L L
I K Y L W K Y Q U E J Z H D C I E E E
R O E M A R L I N S P A R K S A Y E I
W R L O C A P N M T S C A J R M N I F
B P G Q O P U Y O Y E N U P E E R M A
J H I T L O Y H P R F O K M G T W L N
M S R S T C B O J Y A C H O U H K A C
Z N W E F T K D Q B V C M W R N X H C
D L E I F E F I L E B O L G Y I V I I
U Z K X V P U I R J Z J F E N M N B P
B V E X Y H L R K N A S W U P H N Y O
Y W J U K Y R I C D C S L Q H A L B R
E M C I T I Z E N S B A N K P A R K T
I T Z F Y G M H Q D C W F B L M L K V
C T A S C X Q C V R M D E Z L B D V U

Globe Life Field, Wrigley Field, Minute Maid Park, Petco Park, Tropicana Field, Oracle Park, Rogers Centre, Coors Field, Citizens Bank Park, Marlins Park

Baseball Word Search

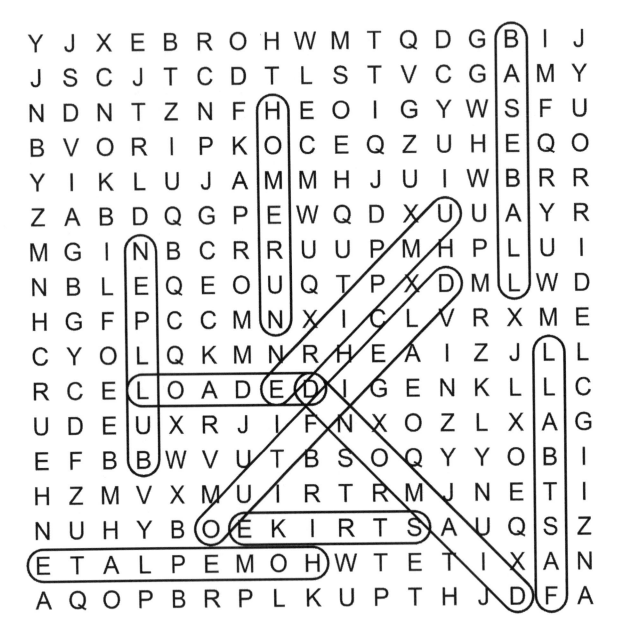

Baseball, Diamond, Bullpen, Loaded, Fastball, Home Plate,
Outfield, Strike, Umpire, Home Run

Find the Positions

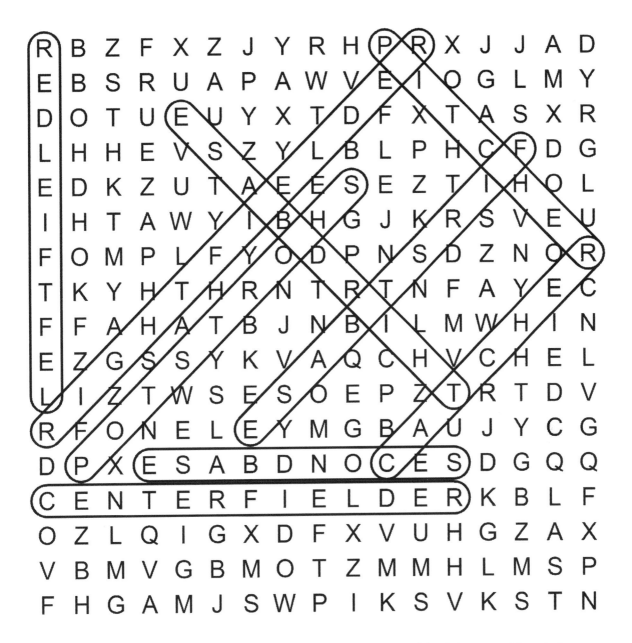

Pitcher, Catcher, First base, Second base, Third base, Shortstop,
Left fielder, Center fielder, Right fielder

Thank you!

I hope you enjoyed the book.

If you'd like to message me about anything, my email is

tjpuzzlers@gmail.com

Hope your team wins their next game!

Tyler

Made in the USA
Monee, IL
29 November 2022